LUDWIG VAN BEETH

SYMPHONY NO. 9, Op. 125

in D minor

Score

C.F. PETERS CORPORATION

NEW YORK • LONDON • FRANKFURT

LUDWIG VAN BEETHOVEN
Crayon drawing by August von Klöber, 1818

Symphonien
für Orchester
von
L. VAN BEETHOVEN
IN
PARTITUR.
Neu revidierte Ausgabe.
8808
LEIPZIG
C. F. PETERS.
F. Baumgarten, del.
Gedruckt bei C. G. Röder Leipzig.

NINTH SYMPHONY

with final chorus based on Schiller's "Ode to Joy"

„Für grosses Orchester, vier Solo- und vier Chor- Stimmen komponiert und Seiner Majestät dem König von Preussen Friedrich Wilhelm III. in tiefster Ehrfurcht zugeeignet."

L. van Beethoven, Op. 125
(Composed 1823)

11
p cresc.
p cresc.
cresc.
cresc.
cresc.
cresc.
cresc.
cresc.
cresc.
cresc.
ff
tr
11
cresc.
cresc.
cresc.
cresc.
cresc.
3

19
sf
ff
p
f

30 A

p f sf sf sf f dimin. p

dimin. pp

sotto voce

41
cresc.
pp cresc.
pp
cresc.
ff
41

51
tr
sf
51

61
B
sf
ben marcato
sf ben marcato

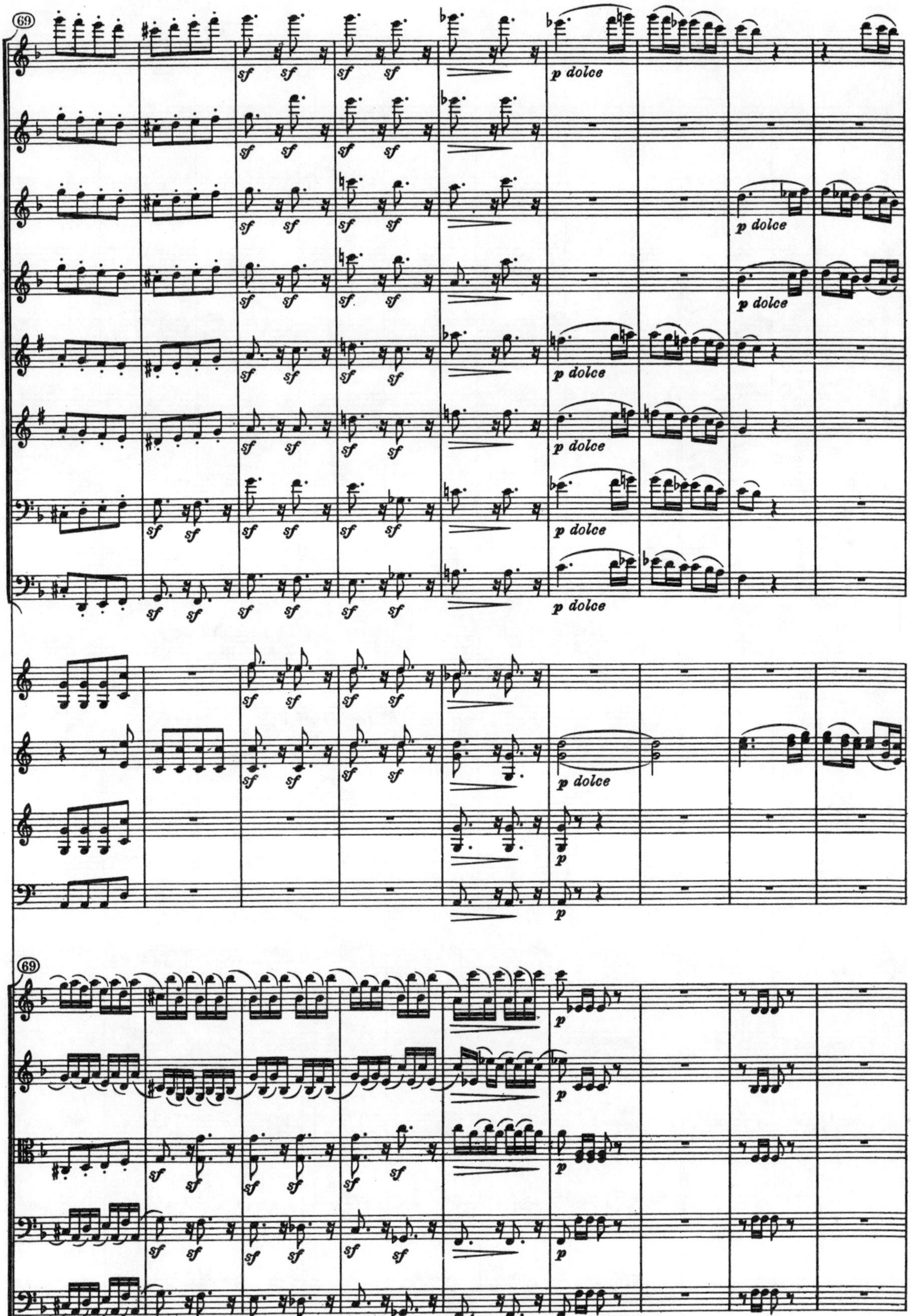
69
p dolce
p dolce
p dolce
p dolce
p dolce
p dolce
p dolce
p dolce
p
p
69
p
p
p
p
p

(78)
p
p
p
(78)
sempre p
sempre p
sempre p
sempre p
sempre p

87
p
cresc.
f
p cresc.
cresc.
f
87
cresc.
f

95
C
f
p cresc.
più cresc.
ff
cresc.
p
a 2.

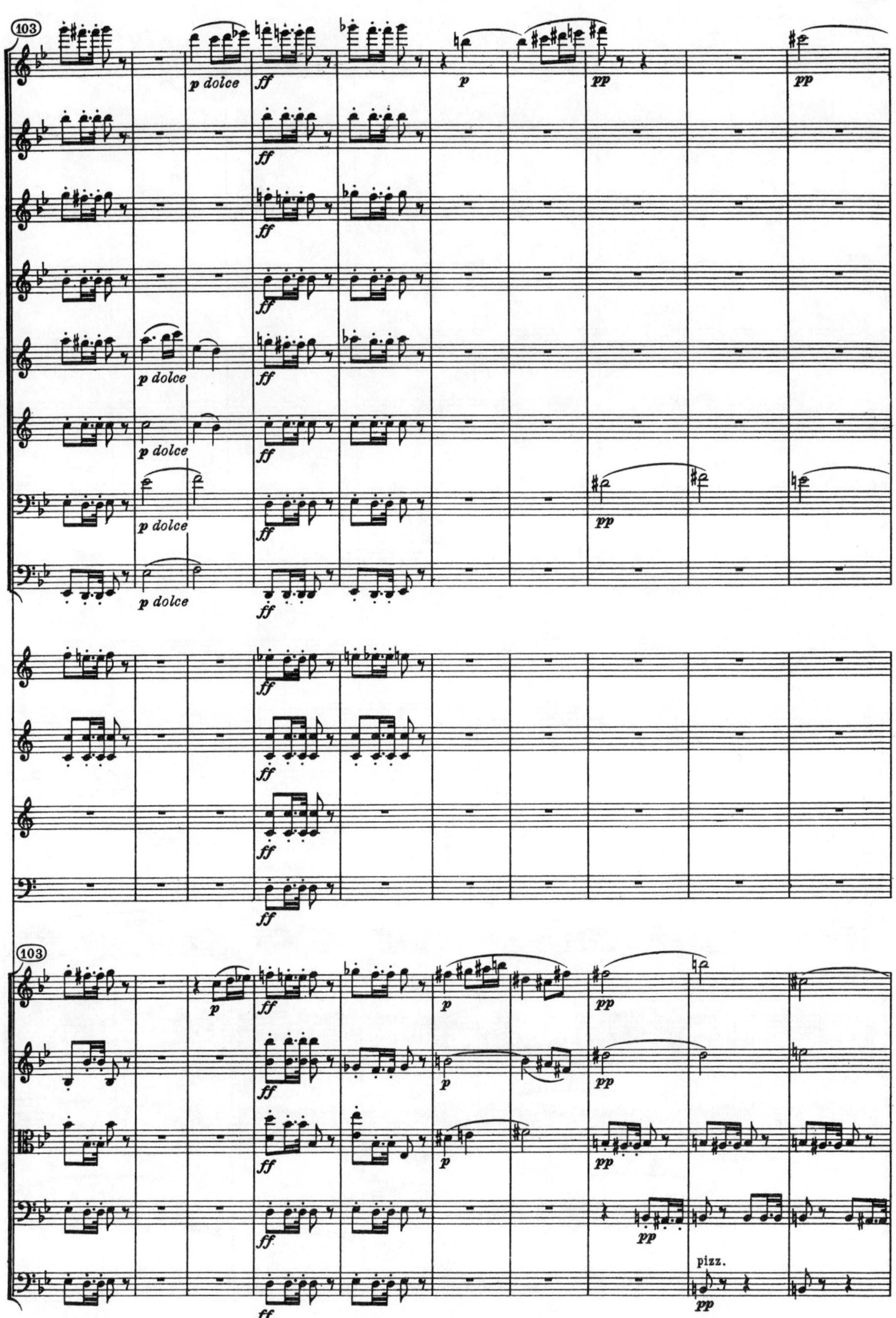
103
p dolce
ff
p
pp
p dolce
p dolce
p dolce
p dolce
pizz.

113
sempre pp
pp
pp
sempre pp
sempre pp
pp
sempre pp
pp
sempre pp
pp
sempre pp
sempre pp
sempre pp
sempre pp
sempre pp
113
sempre pp
sempre pp
sempre pp
sempre pp

120
sempre pp
pp
cresc.
pp
pp
cresc.
pp
pp
cresc.
sempre pp
cresc.
pp
pp cresc.
sempre pp
cresc.
pp
cresc.
120
sempre pp
cresc.
pp
cresc.
cresc.
cresc.
arco
pp
cresc.

129
D
f
sf
cresc.
non ligato

134
sf
p espressivo
ff
p
134

139
p espressivo
p
f
p espressivo
ff
139

E

147

E

147

155
decresc.
p
pp
155
decresc.
p
pp

167
pp
pp
pp
pp
pp
pp
pp
pp
pp
167

178
espressivo
cresc.
pp
178

187
F
espress.
a 2.
187
F

(195)

ritard. a tempo

ritard. a tempo

(195)

ritard. a tempo

pizz.

204
G
cresc.
f
sf
p
espress.
arco

211
ritard. a tempo
cresc.
f
sf
ritard. a tempo
211
ritard. a tempo

219
sf
sf
f
219
f
f

227
sf
227

235
H
235
H

243
f
sf
243

250
I
p
più p
p
p
più p
p
p
p
p
p
250
I
p
più p
p
più p
p
più p
p
più p
p
più p

257
pp
cantabile
p dim.
pp
cantabile
pp
pp
p
pp
257
pp
cantabile
pp
cantabile
pp
pp
pp

265
cresc.
cresc.
cresc.
crešc.
cresc.
cresc.
cresc.
cresc.
pp
pp
pp
pp
pp
pp
cresc.
265
cresc.
cresc.
cresc.
cresc.
pizz.
cresc.
pp

273
pp
espress.
pizz.
arco
un poco meno p

282
p
p
p
p
p
p
282

290
cresc.
p
p
f
290

298

K

307
ff
307
ff

313
ff
sf
313

321
ben marcato
321

331
L
p dolce
sf
p
331
L

340
dolce
p
p
340

349
espress.
p
espress.
cresc.
p
p
espress.
espress.
cresc.
p
espress.
p
p
p
p
349
p
p
p
p
p

357
cresc.
f
sf
p
p cresc.
357

365
f
ff
p
p cresc.
cresc.
365

373
M
ff
p
pp
sempre pp
ten.
pizz.

383
pp
sempre pp
sempre pp
pp
sempre pp
sempre pp
sempre pp
sempre pp
pp
sempre pp
pp
pp
383
sempre pp
sempre pp
sempre pp
sempre pp
pp
pp
pp
pp
arco
pp

391
cresc.
cresc.
cresc.
cresc.
cresc.
cresc.
cresc.
391
cresc.
cresc.
cresc.
cresc.
cresc.

399
cresc.
cresc.
cresc.
cresc.
399
non ligato
non ligato

403
sf
403
tr

N
407
p espress.
p espress.
p espress.
N
407

415
415

423
O
p
espress.
pizz.

432
p
cresc.
432
cresc.

440
cresc.
cresc.
440

448
P
ff
arco
448

455
p cresc.
p cresc.
cresc.
cresc.
cresc.
cresc.
cresc.
p cresc.
cresc.
p cresc.
cresc.
p
cresc.
cresc.
p
cresc.
cresc.
455
p cresc.
cresc.
p cresc.
p cresc.
cresc.
p cresc.
cresc.

463
Q
f
p
dolce
sf

472
p
sempre p
sempre p
p
472
sempre p
sempre p
sempre p
sempre p
sempre p

480
cresc.
cresc.
cresc.
cresc.
cresc.
cresc.
cresc.
cresc.
cresc.
cresc.
cresc.
480
cresc.
cresc.
cresc.
cresc.
cresc.

488
R
cresc.
dimin.
pp
cresc.
pp cresc.
dim.
più p
f
ff
cresc.
dim.
pp

496
f
cresc.
p cresc.
496

504
ritard. a tempo
ritard.
a tempo
p
p
p espress.
p
p
p
p
p
ritard. a tempo
ritard. a tempo
p
p
504
ritard. a tempo
ritard. a tempo
p
p
p
p
p

513

p cresc.

p cresc.

tr

p

cresc.

p

cresc.

tr

p

cresc.

p

cresc.

pp

cresc.

pp

cresc.

p

p

p

cresc.

a 2.

cresc.

p

cresc.

513

pp

cresc.

pp

cresc.

pp

cresc.

pp

cresc.

pp

cresc.

522

tr tr tr

f più f

cresc.

522

f più f

S
530
ff
sempre ff
S
530
ff
sempre ff

539

sempre ff

sempre ff

sempre ff

sempre ff

sempre ff

sempre ff

sempre ff

sempre ff

sf ff

sempre ff

sempre ff

sempre ff

sempre ff

tr tr

sf ff

539

sempre ff

sempre ff

sempre ff

sempre ff

sempre ff

sf ff

Molto vivace. (𝅗𝅥. = 116.)
Flauto I.
Flauto II.
Oboe I.
Oboe II.
Clarinetto I. in C.
Clarinetto II. in C.
Fagotto I.
Fagotto II.
Corni in D.
Corni in B.
Trombe in D.
Timpani in
Trombone Alto e Tenore.
Trombone Basso.
Violino I.
Violino II.
Viola.
Violoncello.
Basso.
G.P.
ff
sf
pp
sempre

15
pp
sempre
pp
sempre
pp
pp
pp
pp
pp
pp
pp
15
pp
sempre
pp
sempre
pp
pp
pp

29
pp
pp
sempre pp
sempre pp
sempre pp
29
sempre pp
sempre pp
sempre pp
sempre pp
sempre pp

43
cresc.
cresc.
cresc.
cresc.
cresc.
cresc.
cresc.
cresc.
cresc.
cresc.
cresc.
43
cresc.
cresc.
cresc.
cresc.
cresc.

71
B
f
p
fp
71
B

85

p cresc.

p cresc.

p cresc.

p cresc.

p cresc.

p cresc.

p cresc.

p cresc.

C

ff ff ff ff ff ff ff ff

ff ff

85

C

p cresc.

p cresc.

p cresc.

pizz.

p cresc.

pizz.

p cresc.

arco

arco

ff ff ff ff ff

98
98

110
D
p
110
D
p

123
p cresc.
f
123

137
G. P. G. P. G. P.
f
pp
137
G. P. G. P. G. P.
sempre pp

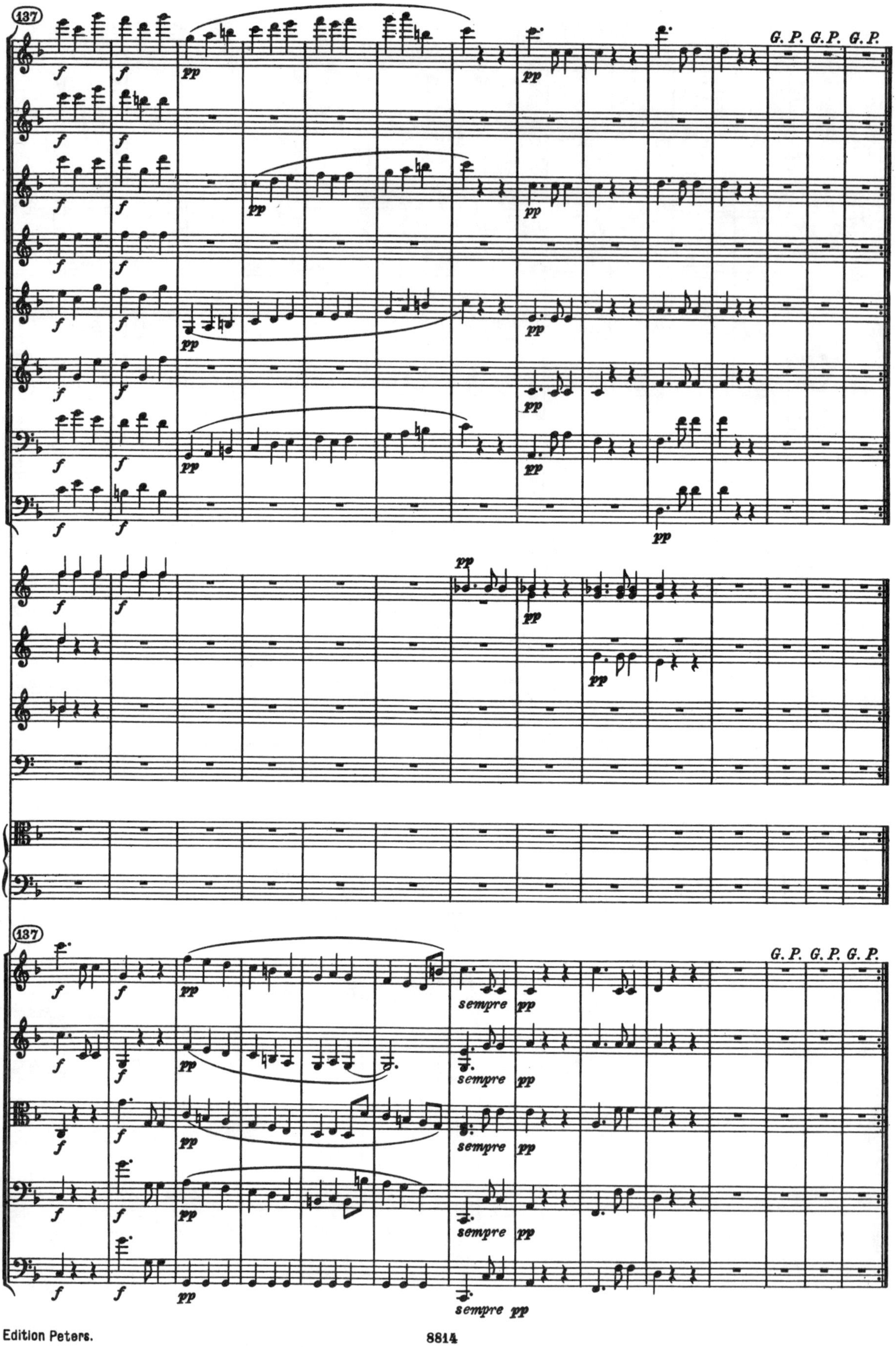

151
G. P. G. P. G. P.
pp
cresc.
sempre pp

165
cresc.
f
ff
165

177
Ritmo di tre battute.
(Ritmo di tre battute.)
p
sempre p
sempre p
Ritmo di tre battute.
177
Ritmo di tre battute.
pizz.
p

192
E
p
f
(Ritmo di tre battute.)

207
dimin.
pp
p
arco
pizz.
p dimin.

222
(Ritmo di tre battute.)
Ritmo di quattro battute.
sempre pp
pp
(Ritmo di tre battute.)
Ritmo di quattro battute.
222
arco
pizz.
Ritmo di quattro battute.

F
237
sempre pp
pp
arco

251
sempre pp
cresc.
più cresc.
f
251

G
266
più f
ff
3
G
266

(279)

f f f f f

(279)

f f f f f

293
H
fp
pizz.
p

307
cresc.
dimin.
p cresc.
arco
pizz.
p
307

321
I
p cresc.
pcresc.
p cresc.
pcresc.
pcresc.
pcresc.
cresc.
cresc.
ff
cresc.
p cresc.
pizz.
cresc.
arco
pizz.
cresc.
pizz.
cresc.
cresc.
cresc.

333
ff
333

K

(345)

p

(345)

K

p

358
cresc.
f
358

372
f
pp
sempre
G.P.

1.
2.
G.P. G.P. G.P.
pp
cresc.
sempre pp
p cresc.

391

ff pp pp

f ff pp sempre pp

391

f ff pp sempre pp

stringendo il tempo.
404
Presto. (𝅗𝅥 = 116.)
cresc.
pp cresc.
ff
f
p
stringendo il tempo.
Presto. (𝅗𝅥 = 116.)
pp cresc.
404
stringendo il tempo.
Presto. (𝅗𝅥 = 116.)

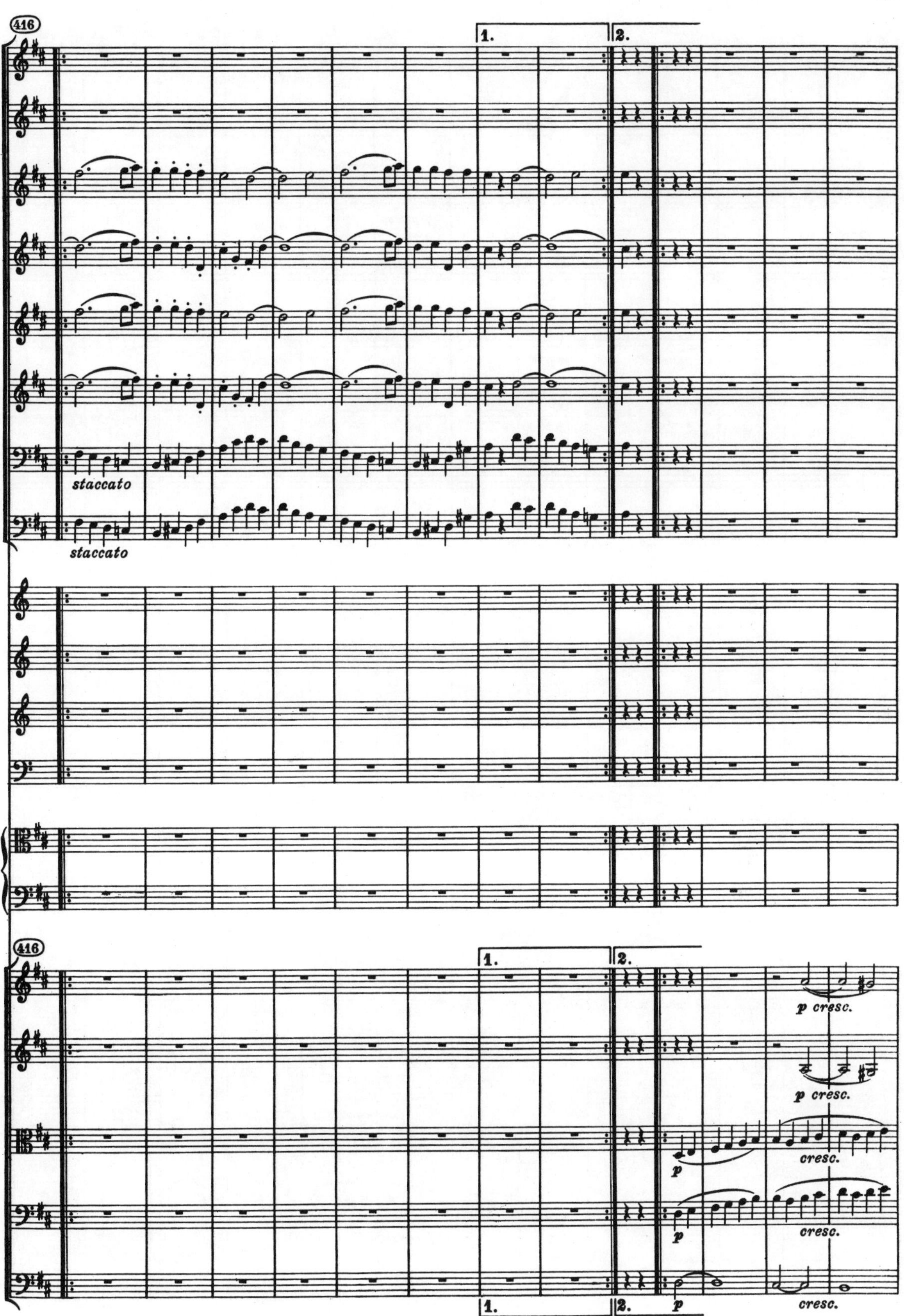
416
1.
2.
staccato
staccato
416
1.
2.
p cresc.
p cresc.
p
cresc.
p
cresc.
p
cresc.
1.
2.

426
p cresc.
p
p cresc.
cresc.
dolce
cresc.
cresc.
426
cresc.
cresc.
cresc.
cresc.
cresc.

438
L
fp
p staccato
p
p
p

450
p
fp
fp
II.
p
450
p
p

462
cresc.
p
cresc.
p
cresc.
p
cresc.
cresc.
p
cresc.
cresc.
p
cresc.
462

474
M
fp
cresc.
f
sempre stacc.

485
1.
2.
p
sempre stacc.
cresc.
fp

496
f
dimin.
p
cresc.
496

508
cresc.
ff
dimin.
f
508

520
poco ritard.
sempre più p
pp
poco ritard.
sempre più p
pp
sempre più p
pp
520
poco ritard.
sempre più p
pp

531
Molto vivace. (𝅗𝅥. = 116.)
G.P.
G.P.
G.P.
G.P.
ff
pp
sempre pp
pp
Molto vivace. (𝅗𝅥. = 116.)
ff
Molto vivace. (𝅗𝅥. = 116.)
531
G.P.
G.P.
G.P.
G.P.
ff
sf
ff
pp
pp

547
pp
sempre pp
sempre pp
pp
pp
pp
pp
pp
pp
pp
547
pp
sempre pp
sempre pp
sempre pp
sempre pp
sempre pp
pp
sempre pp
pp
sempre pp

561
cresc.
pp
cresc.
cresc.
pp
cresc.
cresc.
cresc.
cresc.
sempre pp
cresc.
sempre pp
sempre pp
cresc.
561
cresc.
cresc.
cresc.
cresc.
cresc.

576
N
cresc.
ff
cresc.
ff
576
N
ff

590
590

604
O
f
fp
p
p cresc.
pizz.
604
O

618
p cresc.
ff
arco

631
631

644
P
p
p cresc.
f
644
P
p
p cresc.

659
f
pp
659

672
G.P.
G.P.
G.P.
pp
G.P.
G.P.
G.P.
sempre pp

689
cresc.
f
689
cresc.
f

702
Ritmo di tre battute.
sempre p
Ritmo di tre battute.
702
Ritmo di tre battute.
pizz.

715

(Ritmo di tre battute.)

Q

(Ritmo di tre battute.)

715

Q

730
p
dimin.
arco
pizz.
p dimin.

744
pp
pp
pp
sempre pp
pp
sempre pp
pp
sempre pp
pp
sempre pp
pp
pp
dimin.
(Ritmo di tre battute.)
p
pp
pp
sempre pp
dimin.
744
arco
pizz.
arco
pp
sempre pp
pizz.
arco
pizz.
arco
pp
sempre pp
pizz.
arco
pizz.
arco
pp
sempre pp
pizz.

Ritmo di quattro battute.

758 (Ritmo di tre battute.)

sempre pp

pp

sempre pp

pp

sempre pp

pp

sempre pp

pp

sempre pp

pp

Ritmo di quattro battute.

pp

758

Ritmo di quattro battute.

arco

pp

sempre pp

arco

pp

sempre pp

arco

pp

sempre pp

arco

pp

sempre pp

arco

pp

sempre pp

R
(772)
pp
sempre pp
sempre
R
(772)

S
785
cresc.
più cresc.
f
più f
ff
S

799
ff
799

811

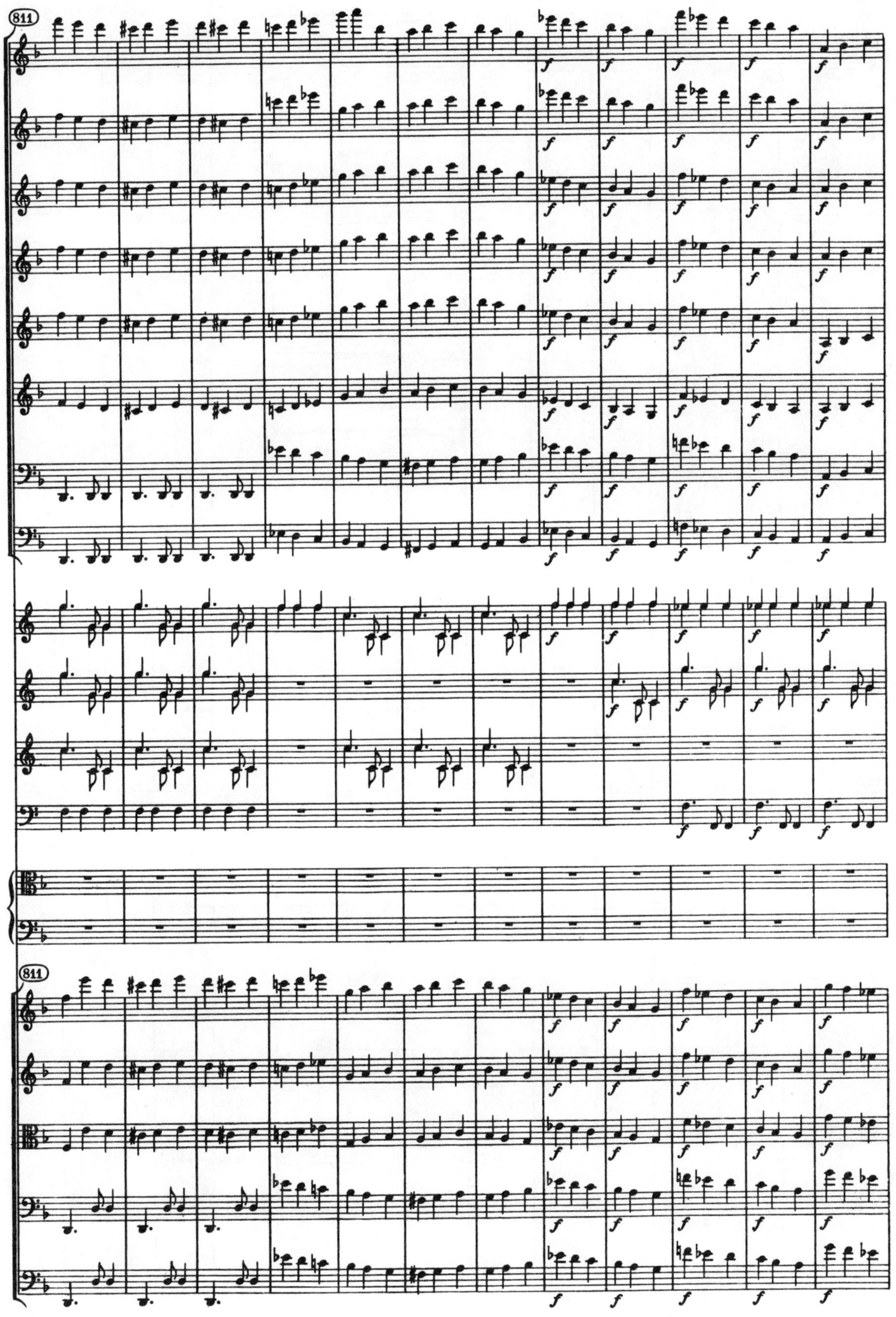

823
T
f
fp
p
pizz.
823
T

837
cresc.
dimin.
p cresc.
p
arco
pizz.

850
U
p cresc.
p cresc.
p cresc.
p cresc.
p cresc.
p cresc.
cresc.
cresc.
ff
cresc.
cresc.
pizz.
arco
pizz.
pizz.

863

ff

863

875

p *p* *p* *p* *p* *p* *p* *p*

875

p *p* *p* *p* *p*

888
V
cresc.
f
888
V
f

(904)
f
pp
sempre pp
(901)
sempre pp

914
G.P. G.P. G.P.
CODA.
cresc.
ff
pp
f
sempre pp
p cresc.

929
stringendo il tempo
pp
cresc.
ppcresc.
stringendo il tempo
stringendo il tempo

942
Presto.
G.P.
Presto.
942
Presto.
G.P.

Adagio molto e cantabile. (♩ = 60.)
Flauto I.
Flauto II.
Oboe I.
Oboe II.
Clarinetto I. in B.
Clarinetto II. in B.
Fagotto I.
Fagotto II.
Adagio molto e cantabile. (♩ = 60.)
Corni in B.
Corni in Es.
Trombe in B.
Timpani in B. F.
Adagio molto e cantabile. (♩ = 60.)
Violino I.
mezza voce
Violino II.
Viola.
Violoncello.
Basso.

10
dolce
dolce
dolce
dolce
cresc.
dolce
dolce
p
10
cresc.
p
cresc.
p
cresc.
p
cresc.
p
p

20
cresc.
p
più p
pp
20

25
Andante moderato. (♩ = 63.)
p
cresc.
espressivo
morendo
pizz.

34
cresc.
p
morendo
più p
pp
cresc.
morendo
più p
pp
morendo
più p
pp
morendo
più p
pp
cresc.
morendo
più p
pp
cresc.
morendo
più p
pp
p
pp
34
cresc.
morendo
più p
pp
cresc.
morendo
più p
pizz.
pp
cresc.
morendo
più p
pizz.
pp
cresc.
morendo
più p
pizz.
pp
cresc.
più p
pp

43
Tempo I.
p
Tempo I.
p
sempre staccato
sempre staccato
43
Tempo I.
p
dolce
pizz.
arco
arco
p
pizz.

48
pizz.
48

53
cresc.
p
cresc.
p
cresc.
p
53
cresc.
p
cresc.
p
cresc.
p
cresc.
p

58
cresc.
p
più p
arco
Edition Peters.
8814

64
Andante moderato.
pp
cresc.
Andante moderato.
Andante moderato.

71
pp
cresc.
pp
cresc.
morendo
cresc.
cresc.
morendo
morendo
cresc.
cresc.
cresc.
cresc.
a 2.
morendo
cresc.
cresc.
71
morendo
cresc.
cresc.
pizz.
morendo
cresc.
cresc.
pizz.
cresc.
morendo
cresc.
cresc
morendo
cresc.
cresc.
pizz.
morendo
cresc.
cresc.

79
Adagio.
p
morendo
più p
pp
dolce
Adagio.
Adagio.
pizz.
pizz.

86
dolce
86
pizz.
pizz.

92
p
92

Lo stesso tempo.
97
cresc.
p dolce
p
Lo stesso tempo.
sempre p
Lo stesso tempo.
arco
(pizz.)

101
cresc.
p
cresc.
p
p
p
p
cresc.
p
101
cresc.
dim.

104
p
p
104
p

107
107

110
cresc.
110

113
p
p
p
p
p
p
p
dimin.
p
113
p
p
p
p
p

116
cresc.
p
più p
cresc.
p
più p
cresc.
p
più p
cresc.
p
più p
cresc.
p
più p
cresc.
p
più p
cresc.
p
più p
cresc.
p
più p
cresc.
dimin.
p
più p
116
cresc.
p
più p
cresc.
p
più p
cresc.
p
più p
cresc.
p
più p
cresc.
p
più p

120
pp
cresc.
f
sf
A
espress.
arco
pizz.
ff

125
dolce
cantabile
cresc. poco a poco
p dolce
pizz.
arco
cresc.poco a poco

128
f
tr.
128

B
131
sf
ff
p
pp
B
131

136
pp
cresc.
p
cantabile
dolce
pizz.
arco

140
dolce
cresc.
dolce
cresc.
dolce
cresc.
dolce
cresc.
cresc.
140
cresc.
pizz.
cresc.
pizz.
cresc.
pizz.
cresc.
pizz.
cresc.

144
cresc.
p
144
p

147
cresc.
ff
dimin.
p
pp
f
arco
pp cresc.
147

151
C
p
pp
dimin.
sempre pp
sempre dimin.
pizz.

154
cresc.
f
f
p
f
pp
cresc.
f
f
p
f
pp
f
pp
cresc.
f
f
p
f
pp
cresc.
f
f
p
f
pp
cresc.
f
f
p
f
pp
cresc.
f
f
p
f
pp
cresc.
f
f
p
f
pp
f
fp
p
f
pp
f
fp
p
f
pp
cresc.
f
fp
p
f
pp
154
cresc.
f
fp
p
pizz.
f
cresc.
f
fp
p
pizz.
f
cresc.
f
fp
p
pizz.
f
arco
cresc.
f
fp
p
pizz.
f
arco
cresc.
f
fp
p
pizz.
f

Presto. (𝅗𝅥. = 66.)
Flauto I.
Flauto II.
Oboe I.
Oboe II.
Clarinetto I. in B.
Clarinetto II. in B.
Fagotto I.
Fagotto II..
Contraffagotto.
Presto. (𝅗𝅥. = 66.)
Corni in D.
Corni in B.
Trombe in D.
Timpani in D. A.
Presto. (𝅗𝅥. = 66.)
Violino I.
Violino II.
Viola.
Violoncello.
Basso.
ff

*) Selon le caractère d'un Récitatif, mais *in tempo*

20
f
20
f

Allegro, ma non troppo. (♩= 88.)
Tempo I.
pp
f
ff
p
Allegro, ma non troppo. (♩= 88.)
Tempo I.
Allegro, ma non troppo. (♩= 88.)
Tempo I.

Vivace.
ritard. Poco adagio.
p
pizz.
dim.
ritard.
dim. ritard. Poco adagio.

54
Tempo I.
Adagio cantabile.
dolce
dolce
p
dolce
dolce
dolce
dolce
Tempo I.
Adagio cantabile.
p
54
Tempo I.
Adagio cantabile.
Tempo I.
arco
f
dimin.
f
dimin.

65
Tempo I. [Allegro.]
p
cresc.
Tempo I. [Allegro.]
65
Tempo I. [Allegro.]
ff

77
Allegro assai. (𝅗𝅥 = 80.)
Tempo I. [Allegro.]
dolce
f
Allegro assai. (𝅗𝅥 = 80.)
Tempo I. [Allegro.]
77
Allegro assai. (𝅗𝅥 = 80.)
Tempo I. [Allegro.]

88
Allegro assai. (𝅗𝅥 = 80.)
Clarinetto in A.
Clarinetto in A.
Allegro assai. (𝅗𝅥 = 80.)
88
Allegro assai. (𝅗𝅥 = 80.)

101
101
cresc.
p
cresc.
p
cresc.
p
cresc.
p

115
arco
sempre piano
sempre piano
sempre piano

127
cresc.
p
cresc.
p
127
cresc.
p
cresc.
p
cresc.
p
cresc.
p
cresc.
p
cresc.
p

138
A
A
arco
p dolce
arco
p

147
cresc.
p
147
cresc.
p
cresc.
p
cresc.
p
cresc.
p
cresc.
p

B
in A.
in A.
cresc.
f
B
cresc.
cresc.
cresc.
cresc.
cresc.
f

165
sf
sf
sf
sf
sf
sf
sf
sf
sf
sf
165

174
sf
174

C
182
182
C
non legato
non legato

189
sempre f
sempre f
sempre f
sempre f
sempre f
sempre f

194
194

198
sf
198

203
poco ritenente
poco adagio
Tempo I.
p
f
cresc.
203

208
Presto.
Flauto I.
Flauto II.
Oboe I.
Oboe II.
Clarinetto I. in A.
Clarinetto II. in A.
Fagotto I.
Fagotto II.
Contraffagotto.
Presto.
Corni in D.
Corni in B.
Trombe in D.
Timpani in D. A.
208
Presto.
Violino I.
Violino II.
Viola.
Baritono Solo.
Violoncello.
Basso.
ff

215
Recitativo.
215
Recitativo.
Recit.
colla voce
colla voce
colla voce
O Freun - - - - de, nicht die - se Tö - ne!
son - dern lasst uns an - -
colla voce
colla voce

227
227
ad lib.
- - - ge-nehmere anstimmen, und freu- - - - - - - - - - - - -den-vol-le-re.

237 Allegro assai.
Flauto I.II.
Oboe I.II.
dolce
pp
Clarinetto I.II.in A.
dolce
pp
p
Fagotto I.II.
dolce
Contraffagotto.
Corni in D.
p
Corni in B.
Trombe in D.
Timpani in D.A.
237 Allegro assai.
Violino I.
pizz.
p
Violino II.
pizz.
p
Viola.
pizz.
p
SOLI.
Soprano.
Alto.
Tenore.
Baritono.
f
f
Freude,
Freu - de, Freude, schöner Göt-ter-funken, Tochter aus E - ly - si-um,
Allegro assai.
CORO.
Soprano.
Alto.
Tenore.
Basso.
f
f
Freude!
Freude!
Violoncello.
pizz.
p
Basso.
pizz.
p

245
p
cresc.
cresc.
245
cresc.
cresc.
cresc.
wir be-treten feuer-trunken, Himmlische, dein Hei-ligthum! Dei-ne Zauber bin-den wieder, was die Mode streng getheilt; al - le Menschen
cresc.
cresc.

254
D
p cresc.
f
p
a 2.
arco
werden Brüder, wo dein sanf-ter Flü-gel weilt.
Dei-ne Zauber bin-den wieder, was die Mo-de streng getheilt; al - le Menschen

262

sempre f

sempre f

sempre f

sempre f

sempre f

p dolce

sempre f

sempre f

262

sempre f

sempre f

sempre f

Wem der grosse

Wem der grosse

Wem der grosse

wer-den Brü-der, wo dein sanf-ter Flü-gel weilt.

wer-den Brü-der, wo dein sanf-ter Flü-gel weilt.

wer-den Brü-der, wo dein sanf-ter Flü-gel weilt.

sempre f

p

sempre f

270
p dolce
p dolce
270
Wer ein holdes Weib er-rungen, mische seinen Ju-bel ein! Ja, wer auch nur Ei-ne See-le
Wurf ge-lun-gen, eines Freundes Freund zu sein, wer ein holdes Weib er-rungen, mische seinen Ju-bel ein! Ja, wer auch nur Ei-ne See-le
Wurf ge-lun-gen, eines Freundes Freund zu sein, wer ein holdes Weib er-rungen, mische seinen Ju-bel ein! Ja, wer auch nur Ei-ne See-le
Wurf ge-lun-gen, eines Freundes Freund zu sein, wer ein holdes Weib er-rungen, mische seinen Ju-bel ein! Ja, wer auch nur Ei-ne See-le

279
E
p
cresc.
f
a2.
dimin.
sf
sein nennt auf dem Er-denrund! Und wer's nie ge-konnt, der steh-le weinend sich aus die-sem Bund.
sein nennt auf dem Er-denrund! Und wer's nie ge-konnt, der steh-le weinend sich aus die-sem Bund.
sein nennt auf dem Er-denrund! Und wer's nie ge-konnt, der steh-le weinend sich aus die-sem Bund.
sein nennt auf dem Er-denrund! Und wer's nie ge-konnt, der stehle weinend sich aus diesem Bund.
Ja, wer auch nur Ei-ne See-le
Ja, wer auch nur Ei-ne See-le
Ja, wer auch nur Ei-ne See-le
Ja, wer auch nur Ei-ne See-le

287
sf
dimin.
p
p sempre
poco cresc.
sempre p
sein nennt auf dem Er-den-rund! Und — wer's nie ge-konnt, der steh-le weinend sich aus die-sem Bund.

294
F
sempre p
sempre p
p
294
F
sempre p
Al-
Freu - de trinken al-le Wesen an den Brüsten der Na-tur;
Freu - de trinken al-le Wesen an den Brüsten der Na-tur;
F
sempre p

301
sempre p
p
p
301
tr
sempre p
sempre p
p
p
Küs - - se gab sie uns und Re-ben,
- - le Gu-ten, al-le Bö-sen fol-gen ih-rer Ro-sen-spur. Küs - - se gab sie uns und Re-ben,
al-le Gu-ten, al-le Bö-sen fol-gen ih-rer Ro-sen-spur. Küs - - se gab sie uns und Re-ben,
al-le Gu-ten, al-le Bö-sen fol-gen ih-rer Ro-sen-spur. Küs - - se gab sie uns und Re-ben,
p

307
cresc.
ei-nen Freund, ge-prüft im Tod; Wol-lust ward dem Wurm ge-ge-ben, und der Che-rub steht vor Gott.

313 G

313 G

sempre f

sempre f

sempre f

sempre più f

sempre più f

sempre più f

G

Küs - se gab sie uns und Re - ben, ei - nen Freund, ge - prüft im Tod; Wol - lust ward dem

Küs - se gab sie uns und Re - ben, ei - nen Freund, ge - prüft im Tod; Wol - lust ward dem

Küs - se gab sie uns und Re - ben, ei - nen Freund, ge - prüft im Tod; Wol - lust ward dem

Küs - se gab sie uns und Re - ben, ei - nen Freund, ge - prüft im Tod; Wol - lust ward dem

sempre f

sempre f

318
ff
ben marcato
318
ben marcato
Wurm ge - ge - ben, und der Che-rub steht vor Gott, und der Che - rub steht vor Gott,
Wurm ge - ge - ben, und der Che-rub steht vor Gott, und der Che - rub steht vor Gott, steht
Wurm ge - ge - ben, und der Che-rub steht vor Gott, und der Che - rub steht vor Gott,
Wurm ge - ge - ben, und der Che-rub steht vor Gott, und der Che - rub steht vor Gott,

molto tenuto
325
molto tenuto
325
molto tenuto
steht vor Gott, vor Gott, vor Gott.
vor Gott, vor Gott, vor Gott.
steht vor Gott, vor Gott, vor Gott.
steht vor Gott, vor Gott, vor Gott.
molto tenuto

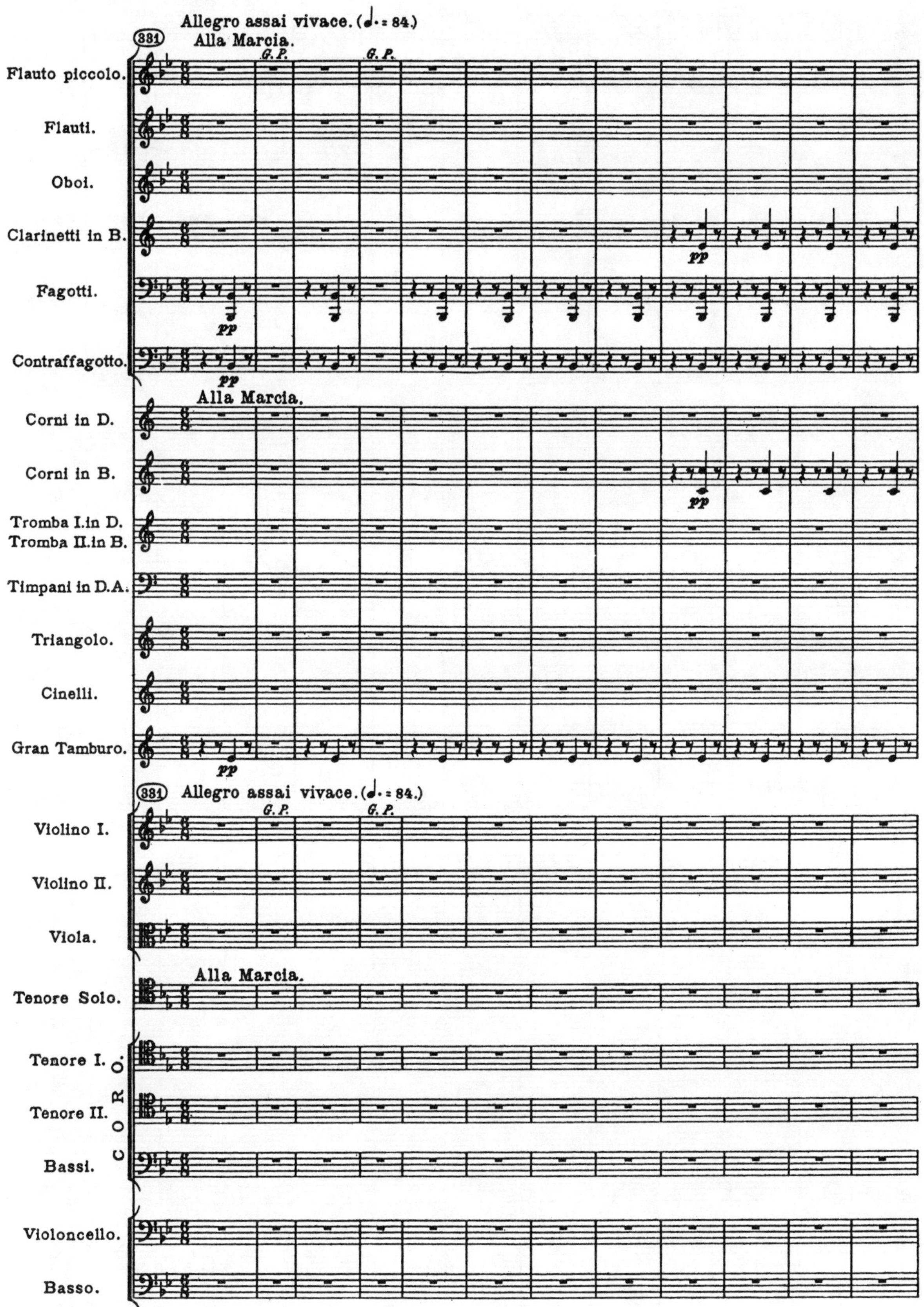
Allegro assai vivace. (♩. = 84.)
331
Alla Marcia.
G.P.
G.P.
Flauto piccolo.
Flauti.
Oboi.
Clarinetti in B.
pp
Fagotti.
pp
Contraffagotto.
pp
Alla Marcia.
Corni in D.
Corni in B.
pp
Tromba I. in D.
Tromba II. in B.
Timpani in D.A.
Triangolo.
Cinelli.
Gran Tamburo.
pp
331
Allegro assai vivace. (♩. = 84.)
G.P.
G.P.
Violino I.
Violino II.
Viola.
Alla Marcia.
Tenore Solo.
Tenore I.
Tenore II.
Bassi.
CORO.
Violoncello.
Basso.

343
pp
pp
pp
pp
pp
pp
(in B)
pp sempre
pp
pp
pp
343

355
H
sempre pp
sempre pp
sempre pp
sempre pp
sempre pp
sempre pp
H
sempre pp
sempre pp
sempre pp
355
pp
pp
pp
H
pp

367
sempre pp
pp
Froh, froh, wie seine

379
poco cresc.
pp
Son-nen, sei- ne Son-nen flie-gen, froh, wie sei- ne Son-nen flie-gen durch des Him-mels prächt'gen Plan,

391
I
poco f
poco f
poco f
poco f
poco f
poco f
I
391
I
lau - fet, Brü - der, eu - re Bahn, lau fet, Brü - der, eu - re Bahn, freu - dig, wie ein Held zum

402
più f
più f
più f
più f
più f
più f
402
poco f
poco f
poco f
Sie-gen, wie ein Held zum Sie-gen, lau fet, Brü-der, eu-re Bahn,
Lau-fet, Brü-der
Lau-fet, Brü-der,
Lau-fet, Brü-der,
poco f

413
f
più f
413
wie ein Held zum Sie -
eu - re Bahn, freu - dig, wie ein Held zum Sie - gen, wie ein Held zum Sie - gen,
eu - re Bahn, freu - dig, wie ein Held zum Sie - gen, wie ein Held zum Sie - gen,
eu - re Bahn, freu - dig, wie ein Held zum Sie - gen, wie ein Held zum Sie - gen,

K
ff
sempre ff
sf
Tromba II. in D.
NB. (Diese 6 Takte können nicht vom Chor, wohl aber von dem Solosänger ausgelassen werden.)
-gen, freu-dig, freu-dig, wie ein Held, ein Held zum Sie-gen.
freu-dig, freu-dig, wie ein Held zum Sie-gen.
freu-dig, freu-dig, wie ein Held zum Sie-gen.
freu-dig, freu-dig, wie ein Held zum Sie-gen.

433
sempre ff
sempre ff
sf
sf
sempre ff
sf
sf
sf
sempre ff
433
sempre ff
sempre ff
sf
sf
sf
sf

444
sf
sf
sf
sf
444
sf
sf
f

455
sf
455

465
sf
465

475
475

485
sf
sf
sf
sf
sf
sf
485
sf
sf

493
L
sf
L
493
L

503
sf
503

513
ff
sf
513

525
dimin.
p
più p
pp
sempre pp
pp cresc.
525
pp cresc.

542
M
ff
M
542
SOPRANO.
Freu - de, schö - ner Göt - ter - fun - ken, Toch - ter aus E - ly - si - um, wir be - tre - ten
ALTO.
Freu - de, schö - ner Göt - ter - fun - ken, Toch - ter aus E - ly - si - um, wir be - tre - ten
TENORE.
Freu - de, schö - ner Göt - ter - fun - ken, Toch - ter aus E - ly - si - um, wir be - tre - ten
BASSO.
Freu - de, schö - ner Göt - ter - fun - ken, Toch - ter aus E - ly - si - um, wir be - tre - ten

553
553
feu - er - trun - ken, Himm - li - sche, dein Hei - lig-thum! Dei - ne Zau - ber bin - den wie - der,
feu - er - trun - ken, Himm - li - sche, dein Hei - lig-thum! Dei - ne Zau - ber bin - den wie - der,
feu - er - trun - ken, Himm - li - sche, dein Hei - lig-thum! Dei - ne Zau - ber bin - den wie - der,
feu - er - trun - ken, Himm - li - sche, dein Hei - lig-thum! Dei - ne Zau - ber bin - den wie - der,

563

563

was die Mo - de streng ge - theilt; al - - le Men-schen wer - den Brü - der, wo dein sanf - ter

was die Mo - de streng ge - theilt; al - - le Men-schen wer - den Brü - der, wo dein sanf - ter

was die Mo - de streng ge - theilt; al - - le Men - schen wer - den Brü - der, wo dein sanf - ter

was die Mo - de streng ge - theilt; al - - le Men-schen wer - den Brü - der, wo dein sanf - ter

573
ff
573
Flü - gel weilt. Dei - ne Zau - ber bin - den wie - der, was die Mo - de streng ge - theilt; al - le

584
584
sf
Menschen wer-den Brü-der, wo dein sanf-ter Flü-gel weilt.
Menschen wer-den Brü-der, wo dein sanf-ter Flü-gel weilt.
Men-schen wer-den Brü-der, wo dein sanf-ter Flü-gel weilt.
Menschen wer-den Brü-der, wo dein sanf-ter Flü-gel weilt.

595
Andante maestoso. (𝅗𝅥 = 72.)
Flauti.
Oboi.
Clarinetti in A.
Fagotti.
Contraffagotto.
Corni in D.
Timpani in D.A.
Trombone Alto e Tenore.
Trombone Basso.
Violino I.
Violino II.
Viola.
Soprano.
Alto.
CORO.
Tenore.
Basso.
Violoncello.
Basso.
Seid um-schlungen, Mil - li - o-nen! Die-sen Kuss der gan-zen Welt! Seid um-
Seid um-

604
604
schlun - gen, Mil - - - li - o - nen! Die - sen Kuss der gan - zen
schlun - gen, Mil - - - li - o - nen! Die - - - sen Kuss der gan - zen
schlun - gen, Mil - li - o - nen! Die - sen Kuss der gan - zen
schlun - gen, Mil - - - li - o - nen! Die - - sen Kuss der gan - zen

610
N
Welt!
Brü - - der!
Welt! Brü - der! ü-berm Ster-nen-zelt muss ein lie - ber Va-ter woh-nen. Brü - - der!

620
ü - berm Ster - nen - zelt muss ein lie - ber Va - ter woh - nen.
ü - berm Ster - nen - zelt muss ein lie - ber Va - ter woh - nen.
ü - berm Ster - nen - zelt muss ein lie - ber Va - ter woh - nen.
ü - berm Ster - nen - zelt muss ein lie - ber Va - ter woh - nen.

627
Adagio ma non troppo, ma divoto. (𝅗𝅥 = 60.)
cresc.
p
pp
627
Adagio ma non troppo, ma divoto. (𝅗𝅥 = 60.)
Ihr stürzt nieder, Mil - li - o - nen? Ah - nest du den
Ihr stürzt nieder, Mil - li - o - nen? Ah - nest du den
Ihr stürzt nieder, Mil - li - o - nen? Ah - nest du den
Ihr stürzt nieder, Mil - li - o - nen? Ah - nest du den

637
ff
p
pp
cresc.
f
ff
Schö-pfer, Welt? Such' ihn ü-ber'm Ster-nen-zelt! Ü-ber Ster-nen muss er woh-nen,
sf

649
pp
sempre pp
ü- -ber Ster- -nen muss er woh- -nen.
ü- -ber Ster- -nen muss er woh- -nen.
ü- -ber Ster- -nen muss er woh- -nen.
ü- -ber Ster- -nen muss er woh- -nen.

Allegro energico, sempre ben marcato. (𝅗𝅥. = 84.)
655
Flauti.
Oboi.
Clarinetti in A.
Fagotti.
Contraffagotto.
Corni in D.
Corni in D.
Trombe in D.
Timpani in D.A.
Trombone Alto.
Trombone Tenore.
Trombone Basso.
Violino I.
Violino II.
Viola.
Soprano.
Freu - de, schö - ner Göt - ter-fun - ken, Toch - ter aus E - ly - si - um, wir be-tre - ten
Alto.
Seid um- - schlun - gen, Mil- - li- - o- - nen! Die- - sen
CORO.
Tenore.
Basso.
Violoncello.
Basso.

660
660
feu - er-trun - ken, Himm - li - sche, dein Hei - lig-thum!
Freu - de!
Kuss der gan - zen Welt! Seid umschlun - gen, Mil - li -
Seid um - schlun - gen, Mil - li -
Freu - de, schö - ner Göt - ter-fun - ken, Toch - ter aus E -

666
O
O
666
O
Freu - de! Wir be - tre - ten dein Hei - - - - - - - - - - -
o - nen! Die - sen Kuss der gan - zen Welt!
o - nen! Die - sen Kuss der gan - zen Welt! Freu - de, schö - ner
ly - si - um, wir be - tre - ten feu - er - trun - ken, Himm - li - sche, dein Hei - lig - thum! Seid um -

672
672
-lig - thum!
Freu - de! Freu - de! Wir be - tre - ten dein Hei - lig -
Göt - ter-fun - ken, Toch - ter aus E - ly - si - um, wir be-tre - ten feu - er-trun - ken, Himm - li-sche, dein
schlun - gen, Mil - li - o - nen! Die - sen Kuss der gan - zen

678
ff
f
678
Seid umschlungen, Millionen! Diesen
thum! Freude, schöner Götterfunken, Tochter aus Elysium, wir betreten
Heiligthum! Freude! Freude! Wir be-
Welt!

Edition Peters.

P

690

P

690

P
Welt, der gan- -zen Welt! Freu-de, schö-ner Göt-ter-fun-ken, wir be-tre-ten
ff
Seid um- -schlun-gen, Mil- -li-
-ligthum!
Hei-
Kuss der gan- -zen Welt! Freu-de!

696
696
feu - er-trun - ken, Himm - li - sche, dein Hei - - - - -lig-thum! Seid um-
o - - nen! Die - - sen Kuss der gan - - zen Welt! Freu - de, schö - ner
- - - - - - - lig - thum, dein Hei - - - - - - -lig-thum! Seid um-
Freu - de! Wir be - tre - ten dein Hei - - - - - -lig-thum!

schlun - gen, seid um - - schlun - gen, Mil - - li -

Göt - ter-fun - ken, Toch - ter aus E - ly - si - um, wir be-tre - ten feu - er-trun - ken, Himm - li-sche, dein

schlun- - - gen, seid um- - - schlun- - - - - - - - - - - - - - - gen,

Seid um- - schlun - gen! Die- - sen Kuss der gan- - zen

(708)

Q

f f f f f f f f

Q

f f f f

(708)

f f f f f f sf sf sf

Q

o - nen! Mil - - li - o - - nen! Die - - sen Kuss, die - - - sen

Hei - lig-thum! Seid um - - schlun - gen, Mil - - li - - o - - nen! Die - - sen

seid um - - schlun - gen, Mil - - li - - o - - nen! Die - - sen

Welt! Freu - de, schö - ner Göt - ter-fun - ken, Toch - ter aus E - ly - si - um, wir be - tre - ten

714
non legato
Kuss der gan - - zen Welt, der gan - - zen Welt,
Kuss der gan - - zen, gan - - zen Welt!
Kuss der gan - - zen Welt, der gan - zen
feu - er - trun - ken, Himm - li - sche, dein Hei - - lig - thum! Seid

720
ff
f
sempre non legato
Freu - de, schö - ner Göt - ter-fun - ken, Toch - ter aus E - ly - si - um, wir be-tre - ten, Himm - li-sche, dein
Welt! Seid um- schlun - gen, Mil- li - o - nen!
um- schlun - gen, Mil- li - o - nen! Die - sen Kuss der

726
R
a 2.
— der gan- -zen Welt!
Hei- -ligthum!
Die- -sen Kuss der gan- -zen Welt!
gan- -zen, gan- -zen Welt! Ihr stürzt nie- -der, Mil- -li-

733
p cresc.
p cresc.
p cresc.
cresc.
cresc.
733
cresc.
cresc.
cresc.
cresc.
Such' ihn ü - berm Ster - nen-zelt,
Ah - nest du den Schö - pfer, Welt?
o - nen?
cresc.
cresc.

742
cresc.
f
sf
p
Such' ihn ü - ber'm Ster - nen-zelt! Brü - der! Brü-der! ü - ber'm Ster - nen -
such' ihn ü - ber'm Ster - nen-zelt! Brü - der! Brü-der! ü - ber'm Ster - nen -
Such' ihn ü - ber'm Ster - nen-zelt! Brü - der! Brü-der! ü - ber'm Ster - nen -
Such' ihn ü - ber'm Ster - nen-zelt! Brü - der! Brü-der! ü - ber'm Ster - nen -

753
p
più p
pp
ppp
tr
zelt muss ein lie-ber Va-ter woh-nen, ein lie-ber Va-ter woh-nen.

763
Allegro ma non tanto. (𝅗𝅥 = 120.)
Flauto piccolo.
Flauti.
Oboi.
Clarinetti in A.
Fagotti.
Contraffagotto.
Corni in D.
Corni in D.
Trombe in D.
Timpani in D. A.
Trombone Alto e Tenore.
Trombone Basso.
763
Allegro ma non tanto. (𝅗𝅥 = 120.)
Violino I.
Violino II.
Viola.
sempre pp
Soprano.
Freu - de,
Alto.
Freu - de,
SOLI.
Tenore.
Freu - de, Toch-ter aus E - ly - si-um!
Basso.
Freu - de, Toch-ter aus E - ly - si-um!
Soprano.
Alto.
CORO.
Tenore.
Basso.
Violoncello.
Basso.

770
pp
p
pp
pp
II.
I.
pp
sempre pp
pp
Toch-ter aus E - ly - si-um!
Toch - ter,
Toch-ter aus E - ly - si-um!
Toch - ter,

778
pp
I.
II.
pp
778
pizz.
pizz.
pizz.
Toch-ter aus E - ly - sium!
Dei - - ne Zauber, deine Zauber bin - den wie - der,
Toch-ter aus E - ly - sium!
Deine Zauber, deine Zauber bin - den wie - der,
Toch - ter, Tochter aus E - ly - sium!
Deine Zauber, deine Zauber bin - den
Toch - ter, Tochter aus E - ly - sium!
pizz.
pp
pizz.
pp

787
S
cresc. poco a poco
I.
II.
pp cresc. poco a poco
787
S arco
arco
arco
dei-ne Zau-ber bin-den wie-der, was die Mode streng getheilt, dei-ne Zauber, deine Zauber bin-den
deine Zauber, deine Zauber bin-den wie-der, bin-den, bin-den wie-der,
wie-der, bin-den, bin-den wie-der, dei-ne Zau-ber, dei-ne Zauber bin-den wie-der,
Deine Zauber, deine Zauber bin-den wie-der, dei-ne Zau-ber bin-den wie-der, was die Mode
S p cresc.
Dei-ne Zauber,
p cresc.
Dei-ne Zauber,
p cresc.
Dei-ne Zauber,
p cresc.
Dei-ne Zauber,
arco
p cresc.
arco
p cresc.

796
796
wie - der, was die Mode streng getheilt.
was die Mode streng getheilt.
was die Mode streng getheilt.
streng getheilt.
deine Zauber bin - den wie - der, bin - den wie - der, was die Mo-de streng getheilt.
deine Zauber bin - den wie - der, bin - den wie - der, was die Mo-de streng getheilt.
deine Zauber bin - den wie - der, bin - den wie - der, was die Mo-de streng getheilt.
deine Zauber bin - den wie - der, bin - den wie - der, was die Mo-de streng getheilt.

805
Poco adagio.
p cresc.
ff
p espress.
p dolce
Al - le Menschen, al - le Menschen, al - le Menschen, al - le Menschen werden Brüder, wo dein
Poco adagio.

812
Tempo I.
p
cresc.
sanf - ter Flü-gel weilt.
Dei-ne Zauber, dei-ne Zauber bin - den
p cresc.
Tempo I.

(821)

a 2.

a 2.

a 2.

wie - der, was die Mo - de frech getheilt. Al - - le Menschen, al - le

wie - der, was die Mo - de frech getheilt. Al - - le Menschen, al - le

wie - der, was die Mo - de frech getheilt. Al - - le Menschen, al - le

wie - der, was die Mo - de frech getheilt. Al - - le Menschen, al - le

829
Poco adagio.
829
Poco adagio.
cresc.
Al - le Menschen, al - le, al - le Menschen werden Brüder, wo dein sanf - - - -
cresc.
Al - le Menschen, al - le, al - le Menschen werden Brü - der, wo dein sanf - - - -
cresc.
Al - le Menschen, al - le, al - le Menschen werden Brüder, wo dein sanf - - - -
cresc.
Al - le Menschen, al - le, al - le Menschen werden Brüder, wo dein sanf - - - -
Menschen, al - le Menschen, al - le Menschen!
Menschen, al - le Menschen, al - le Menschen!
Menschen, al - le Menschen, al - le Menschen!
Menschen, al - le Menschen, al - le Menschen!
Poco adagio.

836
836
cresc.
ter Flügel weilt,
dein sanf - ter
cresc.
ter Flügel weilt,
dein sanf - ter
cresc.
ter Flügel weilt,
dein sanf - ter Flü - gel
ter Flügel weilt,
dein sanf - ter
cresc.

841
Poco allegro, stringendo il tempo, sempre piu allegro.
cresc.
841
Poco allegro, stringendo il tempo, sempre più allegro.
pp
cresc.
Flü-gel weilt.
Flü-gel weilt.
weilt.
Flügel weilt.

Prestissimo. (𝅗𝅥 = 132.)
851
Flauto piccolo.
Flauti.
a 2.
Oboi.
Clarinetti in A.
Fagotti.
a 2.
Contraffagotto.
Corni in D.
Corni in D.
Trombe in D.
Timpani in D.A.
Trombone Alto e Tenore.
Trombone Basso.
Triangolo.
Cinelli e Gran Tamburo.
Prestissimo. (𝅗𝅥 = 132.)
851
Violino I.
Violino II.
Viola.
Soprano.
Seid umschlungen, Milli - o-nen! Diesen Kuss der ganzen Welt!
Alto.
Seid umschlungen, Milli - o-nen! Diesen Kuss der ganzen Welt!
CORO.
Tenore.
Seid umschlungen, Milli - o-nen! Diesen Kuss der ganzen Welt!
Basso.
Seid umschlungen, Milli - o-nen! Diesen Kuss der ganzen Welt!
Violoncello.
Basso.

859
a 2.
a 2.
859
der ganzen Welt!
Brüder!
ü - ber'm Ster - nen - zelt muss ein
der ganzen Welt!
Brüder!
ü - ber'm Ster - nen - zelt muss ein
der ganzen Welt!
Brüder!
ü - ber'm Ster - nen - zelt muss ein
der ganzen Welt!
Brüder!
ü - ber'm Ster - nen - zelt muss ein

868
f
lie - ber Va - ter, ein lie - ber Va - ter woh - - - - nen, ein lie - ber Va - ter
lie - ber Va - ter, ein lie - ber Va - ter woh - - - - nen, ein lie - ber Va - ter
lie - ber Va - ter, ein lie - ber Va - ter woh - - - - nen, ein lie - ber Va - ter
lie - ber Va - ter, ein lie - ber Va - ter woh - - - - nen, ein lie - ber Va - ter

876
ff
876
wohnen. Seid umschlungen! seid umschlungen! Die - sen Kuss der gan - zen Welt! der gan - zen
wohnen. Seid umschlungen! seid umschlungen! Die - sen Kuss der gan - zen Welt! der gan - zen
wohnen. Seid umschlungen! seid umschlungen! Die - sen Kuss der gan - zen Welt! der gan - zen
wohnen. Seid umschlungen! seid umschlungen! Die - sen Kuss der gan - zen Welt! der gan - zen

885
T
a 2.
ff
sf
f
T
Welt! der gan - zen Welt! Die - - sen Kuss der gan zen Welt! der gan - zen Welt! der gan - zen,
Welt! der gan - zen Welt! Die - - sen Kuss der gan - zen Welt! der gan - zen Welt! der gan - zen,
Welt! der gan - zen Welt! Die - - sen Kuss der gan - zen Welt! der gan - zen Welt! der gan - zen,
Welt! der gan - zen Welt! Die - - sen Kuss der gan - zen Welt! der gan - zen Welt! der gan - zen,

895
tr
ff
895
gan - - - - - - - - zen Welt, der gan - - - - - - - - - - zen
gan - - - - - - - - zen Welt, der gan - - - - - - - - - - zen
gan - - - - - - - - zen Welt, der gan - - - - - - - - - - zen
gan - - - - - - - - zen Welt, der gan - - - - - - - - - - zen

903
a 2.
a 2.
903
Welt! Freu-de, Freu-de, schöner Göt - ter-funken! schöner Göt -
Welt! Freu-de, Freu-de, schöner Göt - ter-funken! schöner Göt -
Welt! Freu-de, Freu-de, schöner Göt - ter-funken! schöner Göt -
Welt! Freu-de, Freu-de, schöner Göt - ter-funken! schöner Göt -

911
Maestoso. (♩ = 60.)
ff
p cresc.
cresc.
p
911
Maestoso. (♩ = 60.)
- - - ter - funken!
Toch - - ter aus E - ly - sium!
- - - ter - funken!
Toch - - ter aus E - ly - sium!
- - - ter - funken!
Toch - - ter aus E - ly - sium!
- - - ter - funken!
Toch - - ter aus E - ly - sium!

918
Prestissimo.
a 2.
sempre ff
Prestissimo.
sempre ff
Freu - de, schö - - - ner Göt - terfun - ken! Göt - ter - fun - ken!
Freu - de, schö - - - ner Göt - terfun - ken! Göt - ter - fun - ken!
Freu - de, schö - - - ner Göt - terfun - ken! Göt - ter - fun - ken!
Freu - de, schö - - - ner Göt - terfun - ken! Göt - ter - fun - ken!

923

sf f f f f f

923

sf f f f f f

931
a 2
ff
f
sempre ff
sempre ff
931
sempre ff
sempre ff
sempre ff
sempre ff
sempre ff